Usborne Verlag

Mein Wisch-und-weg-Buch
Dinosaurier

Illustrationen: Dania Florino
Gestaltung: Laura Hammonds
Text: Kirsteen Robson
Fachliche Beratung: Dr. Darren Naish

Verwende deinen Wisch-und-weg-Stift, um die Aufgaben in diesem Buch zu lösen.

Dora

Dora Diplodocus hat vier weitere Fußabdrücke in den Sand gestampft. Kannst du sie malen?

Welcher Frosch hüpft in den Teich? Folge den Spuren.

Kreise die sieben Libellen ein.

Riesige Pflanzenfresser

Kreise fünf Unterschiede zwischen Alex und Alfred Apatosaurus ein.

Alex

Alfred

Dina Diplodocus möchte noch mehr saftiges Grünzeug fressen. Fahre die Palmwedel nach.

Dina

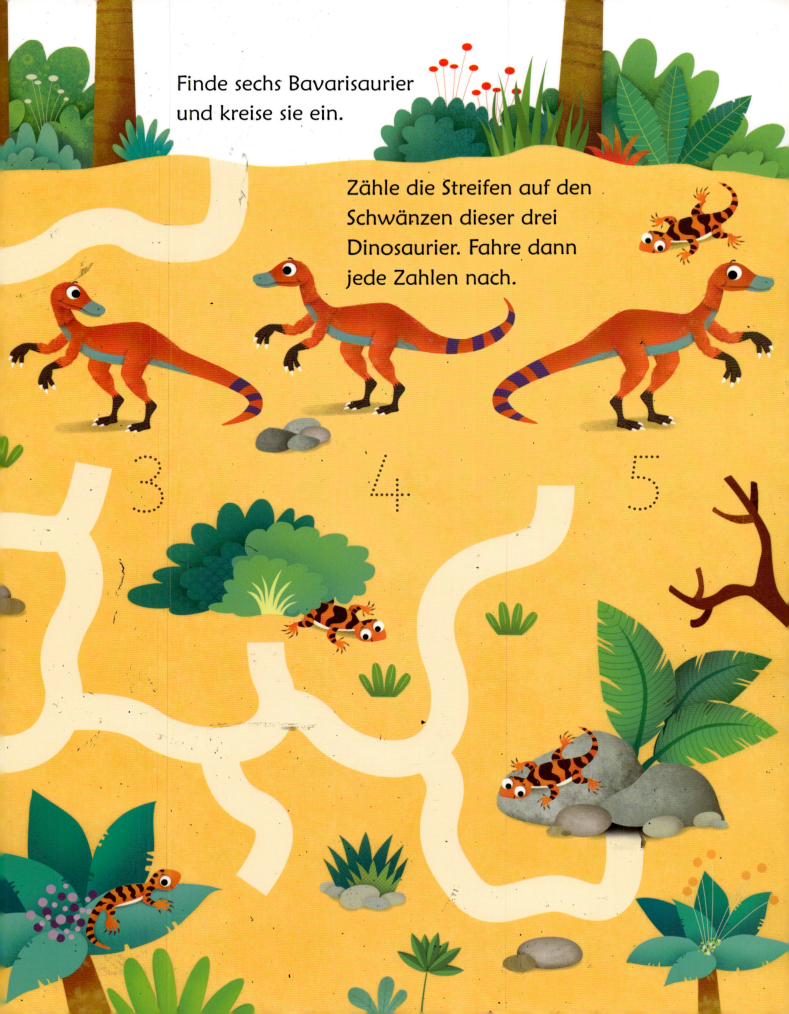

Finde sechs Bavarisaurier und kreise sie ein.

Zähle die Streifen auf den Schwänzen dieser drei Dinosaurier. Fahre dann jede Zahlen nach.

Die Flugsaurier

Tobi Pterodaktylus fehlen die Flügel. Verbinde die Zahlen der Reihe nach.

Male ein X über den Fisch, der anders aussieht als seine beiden Freunde.

Kreise vier Unterschiede zwischen Ivan und Ingo Ichthyosaurus ein.

Ivan

Ingo

Fahre die Zahlen nach. Dann male genauso viele Luftblasen über die Fische.

6   7

Was schwimmt noch im Meer? Verbinde die Zahlen und finde es heraus.

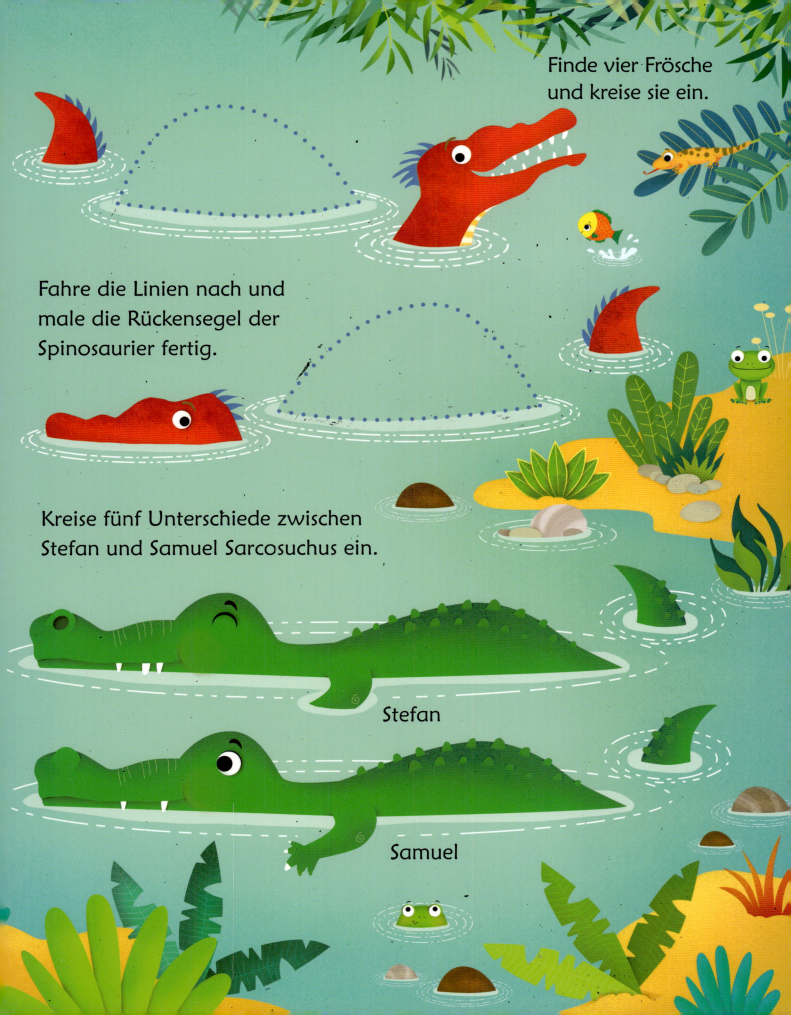

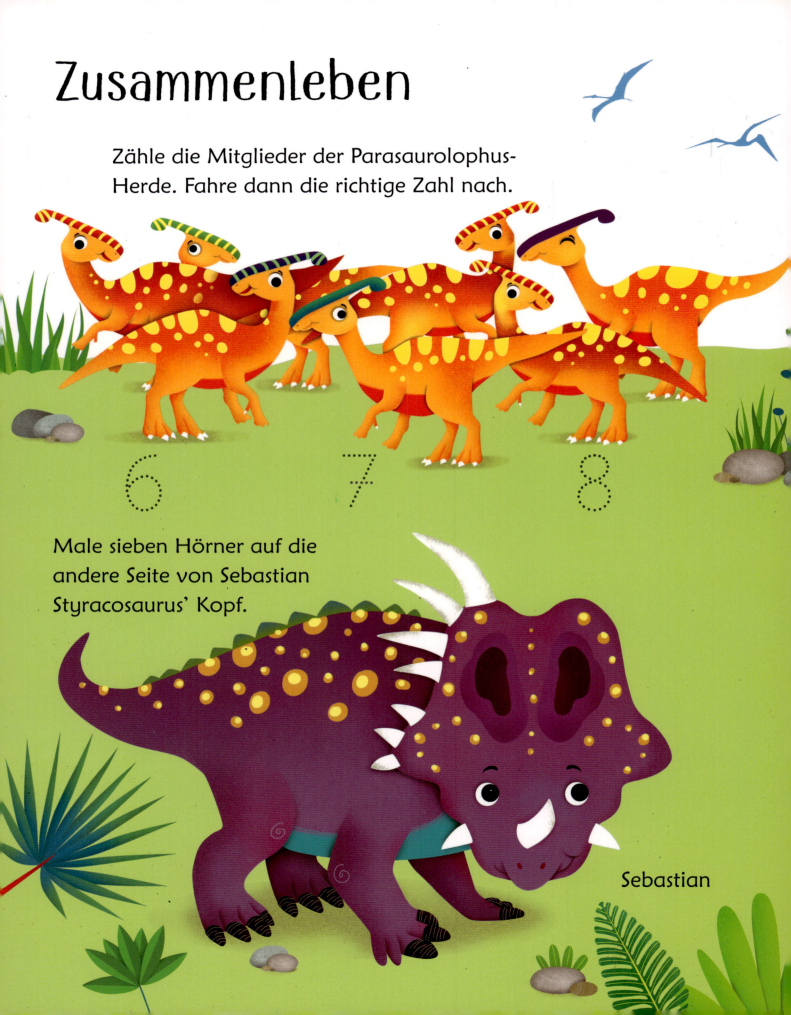

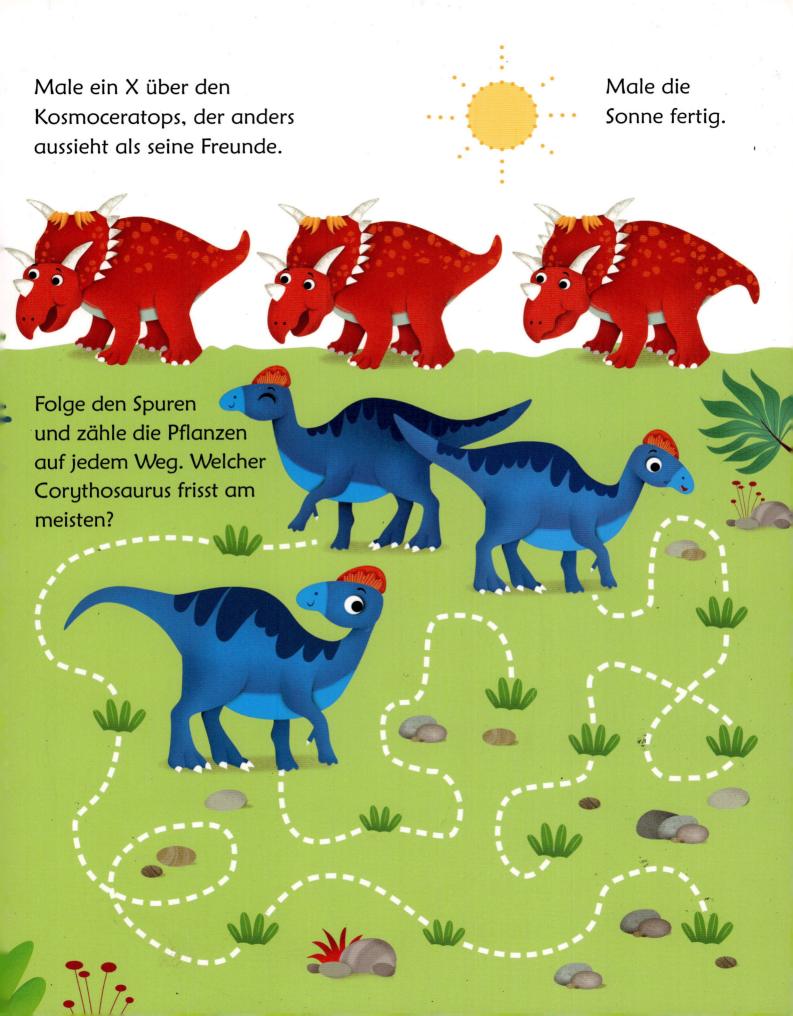

Sandige Landschaften

Welcher Weg führt Peter Pinacosaurus zu seiner Schwester Petra? Zeige es ihm.

Peter

Verbinde jeweils zwei Protoceratops-Kinder, die gleich aussehen, mit einer Linie.